El Gran Secreto de la Oración del Padre Nuestro

Damián Alvarez

© El Gran Secreto de la Oración del Padre Nuestro
© Francisco Damián Alvarez Yanes, 2017
1ª edición en castellano
ISBN: 9781973425052
Sello: Independently published
Editado Publicado y Distribuido por Amazon Media Publishing
Printed U.S.A. /Impreso en E.U.A

Al hombre más grande y más humilde del mundo.

A Jesús de Nazaret, el gran maestro.

Gracias, muchas Gracias.

Índice

El Gran Secreto de la Oración del Padre Nuestro

Damián Alvarez

Introducción

El Padre Nuestro. El Gran Secreto Desvelado

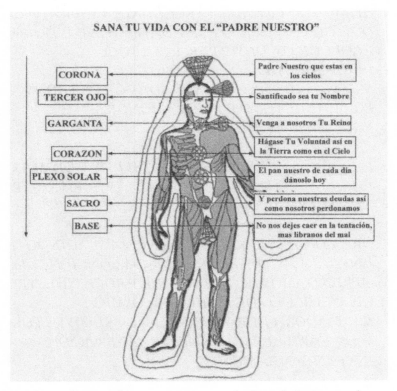

SANA TU VIDA CON EL "PADRE NUESTRO"

CORONA	Padre Nuestro que estas en los cielos
TERCER OJO	Santificado sea tu Nombre
GARGANTA	Venga a nosotros Tu Reino
CORAZON	Hágase Tu Voluntad así en la Tierra como en el Cielo
PLEXO SOLAR	El pan nuestro de cada día dánoslo hoy
SACRO	Y perdona nuestras deudas así como nosotros perdonamos
BASE	No nos dejes caer en la tentación, mas líbranos del mal

Muchos de ustedes ya conocen el descubrimiento de Damián Alvarez de como sanar los chakras con la oración del Padre Nuestro:

**"Sana tu Vida con la Oración del "Padre Nuestro".
"... y no nos dejes caer en la Tentación, más líbranos del Mal"**

"ELEVAR TU VIBRACIÓN ES EL VERDADERO SERVICIO QUE LA HUMANIDAD NECESITA.

CADA DÍA ESTAMOS INUNDADOS E INUNDANDO EL MUNDO CON BAJA FRECUENCIA VIBRATORIA, QUE GENERAN ENFERMEDADES, CATÁSTROFES ECOLÓGICOS, DESESPERANZA SOCIAL, ECONÓMICA Y MUCHAS OTRAS CALAMIDADES GENERADAS POR LA MENTE COLECTIVA IGNORANTE Y FANÁTICA.

EL PADRE NUESTRO ES UNA DE LAS VÍAS MÁS FÁCILES, ECONÓMICAS Y ACTIVAS PARA SALIR DEL SUFRIMIENTO.

ORA CON EL MUNDO Y PARTICIPA SUMANDO TU ENERGÍA AL DESPERTAR DE LA CONCIENCIA. APRENDAMOS EL VALOR DEL PADRE NUESTRO, UN VEHÍCULO DE ENERGÍA CÓSMICA SALVADORA DEL SUFRIMIENTO PREVISTA POR DIOS, PARA.ELEVAR NUESTRA VIBRACIÓN INSTANTÁNEAMENTE.

SENTIR EL PADRE NUESTRO ES SALIR DEL SUFRIMIENTO.

TE DEJO ESTE MAGNIFICO TRABAJO PARA LA CONCIENCIA DEL DR. Damián Alvarez, UNA MENTE ILUMINADA".

Pr. Lic. E. A. (Doctor en Naturología Aplicada, Licenciado en Psicología General)

¿Te acuerdas de la "Oración del Padre Nuestro"? Jesucristo dijo que era una oración perfecta. El "Padre Nuestro" tiene todo lo que una oración bien hecha debe de tener: A quien le pides ("Padre nuestro que estás en los cielos"), lo que pides ("cosas" espirituales y materiales) y al final la protección ("no nos dejes caer en la tentación más líbranos del mal").
Pero no queda ahí, yo descubrí que la "Oración del Padre Nuestro" es realmente un recorrido por el Sistema de Chakras Mayores.

Esta Meditación de Sanación se puede llevar a cabo de dos maneras diferentes. La una, repitiendo varias veces cada frase en el chakra correspondiente. La otra, diciendo la oración completa a través de todo el Sistema de Chakras y volviendo a empezar. La meditación se recomienda hacerla durante al menos 20 minutos y limpiará todo tu Sistema de Chakras.

Imagínate una esfera de luz blanca o dorada sobre el chakra Corona y repite mentalmente "Padre nuestro que estás en los cielos", baja la esfera de luz a través de la Línea Hara hasta el Tercer ojo y repite "Santificado sea tu nombre ("Yo Soy" nombre de Dios (Jehovah)), baja la esfera de luz hasta el chakra Garganta y repite mentalmente "Venga a nosotros tu Reino". Hemos pedido "cosas espirituales en los chakras espirituales.

En el chakra Corazón, después de haber bajado la esfera de luz hasta éste repetiremos "Hágase tu Voluntad así en la Tierra como en el Cielo" (aquí en la frontera astral entre el mundo espiritual/chakras espirituales y el mundo físico/chakras físicos (chakra Corazón)) pedimos "algo" para el mundo espiritual y "algo" para el mundo físico.

Ahora empezamos a pedir "cosas" físicas en los chakras físicos. Bajamos la esfera de luz desde el chakra Corazón hasta el Plexo Solar y repetimos mentalmente "El pan nuestro de cada día dánoslo hoy", baja ahora la esfera de luz hasta el chakra Sacro y repite mentalmente "Perdona nuestras deudas, así como nosotros perdonamos a nuestros deudores", baja la esfera de luz hasta el Punto Hu-Yin y repite "Nos nos dejes caer en la tentación, más líbranos del mal" (la protección que toda oración bien hecha debe de tener).

Empieza de nuevo desde el chakra Corona.

RESUMEN DE LA MEDITACIÓN DE SANACIÓN CON EL PADRE NUESTRO:

Chakra Corona: "Padre nuestro que estás en los cielos"
Tercer Ojo: "Santificado sea tu nombre"

Chakra Garganta: "Venga a nosotros tu Reino"
Chakra Corazón: "Hágase tu Voluntad así en la tierra como en el cielo"
Plexo Solar: "El pan nuestro de cada día dánoslo hoy"
Sacro: "Perdona nuestras deudas así como nosotros perdonamos a nuestros deudores"
Base: "No nos dejes caer en la tentación, más líbranos del mal"

No cabe la menor duda que Jesús de Nazaret, Jesús, el hijo de José y de María, Jesús, llamado el Cristo, era una mente privilegiada, y más aún en aquellos tiempos (hace más de 2.000 años.

Jesucristo conocía las leyes de interacción y resonancia energética entre los seres humanos. También sabía que la energía sigue el pensamiento, que tan solo con el pensamiento, emociones, sentimientos, podemos causar daño a los demás y a nosotros mismos. Jesucristo también conocía todos los descubrimientos desvelados actualmente por Damián Alvarez, como que la vida no es algo que ocurre a nuestro alrededor, sino que fluye a través de cada ser humano a la velocidad del sentimiento, emoción, pensamiento y acción.

Pero Jesucristo sabía mucho más. Jesucristo conocía las claves de la vida eterna, las claves de la paz y la felicidad. Solo pocas personas hemos escuchado realmente a Jesucristo en un periodo de más de 2.000 años. Menos aún han entendido sus enseñanzas, pero como hoy en día, muchas personas comienzan a decir en alto: "Esto no puede seguir así, esto tiene que cambiar", o sea, realmente diciendo esas frases tan populares del "Padre Nuestro "como "Venga a nosotros tu Reino" o "Hágase tu voluntad así en la Tierra como en el cielo", me siento en la obligación de desvelar los grandes secretos de la gran oración, los grandes secretos del "Padre Nuestro", así, todos la podemos comprender e introducir en nuestras vidas de forma consciente, para cambiar interiormente y cambiar el futuro de la humanidad.

La oración del "Padre Nuestro", aunque a simple vista no diga más de lo que dice, es mucho más. La oración del "Padre Nuestro" es una guía de vida, es una enseñanza profunda, es una filosofía a seguir, es la creación del futuro, es una oración perfecta.

Aunque Jesucristo nos mostró esta oración como un ejemplo de cómo se deben de hacer las oraciones, también nos dijo que no repitiéramos las oraciones sin ton ni son, sino que nos dirigiéramos a Dios con el corazón, de forma personal, intima, por lo que recomiendo que cada uno se cree su propio "Padre Nuestro" personal, adaptado a sus necesidades diarias, así sean anímicas y físicas.

La primera parte del "Padre Nuestro", en lo que se refiere a los chakras espirituales y a la frontera astral (chakra corazón) (como ya hemos visto) lo podemos dejar así como está, ya que son peticiones que trascienden nuestra individualidad. El resto, lo que se refiere a los chakras físicos (plexo solar, sacro y base), sí que lo podemos cambiar, e introducir en nuestras peticiones lo que necesitemos a cada momento.

Lo ideal sería tener un "Padre Nuestro" diferente para cada día de nuestra existencia. Lo anteriormente expuesto demostraría que hemos comprendido como hacer oraciones, como dirigirnos a Dios (de forma sincera, sencilla, abierta, personal), y que no somos tan solo una programación inconsciente de un grupo, clan, cultura, tradición, costumbre o religión.

Y mejor aún, tener varias oraciones "Padres Nuestros" para diferentes momentos del mismo día.

Recitar en voz alta o cantar el "Padre Nuestro" que hayamos creado para este día o momento determinado del día, sería más beneficioso para nuestro cuerpo y alma, y más beneficioso para la humanidad al completo, que si solo lo pensamos o lo decimos.

La mejor forma de rendir culto a Dios es cantando, creando energías positivas de frecuencia elevada, que acompañadas del poder de la fe tras nuestros pensamientos, sentimientos y emociones de amor involucrados en la oración, causaran, crearán milagros. El canto crea energías positivas, pura Musicoterapia, que limpiará tanto el entorno como el interior humano de toda energía negativa, llenándolo de armonía, júbilo y alegría...

En caso de que no te sea prácticamente posible cantar en voz alta, siempre podrás entonar la oración interiormente, o sea, cantar en silencio, obteniendo casi los mismos beneficios.

Si deseas hacer tu oración del "Padre Nuestro" aún más personal. Si deseas amplificar tu conexión con Dios, si deseas realmente hacerte amigo de Dios y mejorar tu relación con Él, entonces, llámalo por su Nombre.

Jesucristo decía que llamáramos a Dios "Padre Nuestro que estás en los cielos" para diferenciarlo de nuestro padre carnal. Sí, Dios es nuestro creador verdadero, nuestro Padre verdadero, pero la palabra "Dios" se podría decir que es genérica, y Dios existe solo uno, y tiene un Nombre: JEHOVAH...

...Añade el nombre de Dios "Jehovah" al final de cada frase del "Padre Nuestro", por ejemplo: "Padre Nuestro que estás en los cielos JEHOVAH", "Santificado sea tu nombre JEHOVAH", etc., etc., y conseguirás una oración más completa, más beneficiosa, más poderosa, más real, más humana, más tuya...

Capítulo I

El "Padre Nuestro" Verdadero. Un "Padre Nuestro" para cada Día de Nuestra Vida. Un "Padre Nuestro" Moderno

La Oración del "Padre Nuestro" la legó Jesús el Cristo a la Humanidad como un ejemplo de cómo se debe orar. También es un ejemplo perfecto de una Oración o Petición bien formada. El "Padre Nuestro" como cualquier oración bien hecha está compuesta de tres partes bien diferenciadas: La primera es a quien le pides, Nosotros le pedimos a Dios y mejor aún a su nombre Todopoderoso Personal: Jehovah (Mantra y Energías Creadoras, Sanadoras y Protectoras sin igual). La segunda parte de la oración está dirigida a la petición. En el "Padre Nuestro" pedimos "algo" para cada chakra y pedimos "cosas" espirituales y materiales. La Tercera parte del "Padre Nuestro" como en cualquier oración bien hecha es "la protección".

Como vemos, si, el "Padre Nuestro" es una oración perfecta, pero Jesús nos la dio como un ejemplo a seguir de cómo debemos orar. El mismo Jesús el Cristo dijo que no rezáramos repitiendo las oraciones sin más ni más, sino entendiendo lo que decíamos. Así que el "padre Nuestro" lo podemos adaptar a nuestra vida diaria, a nuestra vida moderna y a nuestros anhelos y necesidades sean físicas y/o espirituales a cada momento de nuestro desarrollo personal y espiritual.

Que bonito sería acercarnos a Dios todos los días con una oración diferente, porque cada día es diferente ¿o no?

¡Que por siempre sea Tu Voluntad en el Cielo y en la Tierra, Jehovah, por los siglos de los siglos!

¡Amén!

Capítulo II
Un "Padre Nuestro" Personal

"Padre Nuestro que estás en los cielos, único y gran Dios Jehovah".

"Santificado sea Tú Nombre Jehovah, así en el cielo como en la Tierra".

"Venga a nosotros Tú Reino Jehovah, y que Tú Reinado no tenga fin".

"Que nuestra voluntad y la de todos los seres espirituales sea la misma que la de Jehovah: El Amor".

"El pan nuestro de cada día dánoslo hoy Jehovah, que con lo necesario es más que suficiente para todos los humanos".

"Dios mío Jehovah, perdónanos el daño que hemos causado al mundo y a la humanidad".

"Feliz soy Jehovah porqué estoy protegido por Ti todos os días de mi vida".

Capítulo III

El "Padre Nuestro" Verdadero. Un "Padre Nuestro" para cada Día de Nuestra Vida. Un "Padre Nuestro" Moderno. Un "Padre Nuestro" Sabio

"Padre Nuestro que estás en los cielos, Dios de la Verdad, Jehovah, Único y Gran Dios, Todopoderoso, Creador del Cielo y de la Tierra, Jehovah Eloam, Jehovah Elohim, Jehovah Rafa, Jehovah Adonai, Jehovah Sebaot, Jehovah Shalom, Amor Puro, Dios Eterno, Dios Glorioso, Dios Omnipresente, Dios Misericordioso, Dios de Vida, Dios Sanador, Dios verdadero, Dios del Universo, Dios de la Paz, Dios de la Justicia, Dios de la Templanza, Dios de la Sabiduría, Dios de la Esperanza, Dios de la Caridad, Mi Consuelo, Mi Salvación, Mi Dicha, Mi Protección, Mi Alegría, Mi Fe, Mi Esperanza, Dios Sanador, Dios Amigo, Dios del Amor, Dios de la Sabiduría, mi Camino, Mi Luz, Mi Guía, Mi Creador. Rey de lo visible y de lo invisible. Rey Absoluto, Gobernante de todas las Esferas de la Creación. Gobernante de todos los Planos, todos los Niveles y Todas las Dimensiones, Creador de Paz, Amor y Felicidad Eterna..."

"Santificado sea Tu Nombre, llenos está el Cielo y la Tierra de Tu Nombre Jehovah, Tu Eres, Tu eres El que siempre has sido, El que eres y El que serás. Tu Nombre Jehovah es Energía Creadora Infinita Amorosa Incondicional. Alabado sea tu Nombre Jehovah en el Cielo y en la Tierra. Te Alabamos, te Bendecimos, te Damos Gracias Jehovah. Eterno es tu Nombre Jehovah y Glorificado en todo el Universo por toda la Eternidad. Tu Nombre Jehovah es Amor, es Paz, es Verdad, es Justicia. Tu Nombre Jehovah es lo más Poderoso del Universo, Tu Nombre Jehovah es Creación. Glorificamos Tu Nombre y lo elevamos a lo más alto de "las alturas". Tu Nombre Jehovah es Sanación, Tu Nombre Jehovah es Protección. Tu Nombre Jehovah da Paz Interior y Regocijo, Alegría y Fuerzas de Vida, Seguridad y Confianza. Tu Nombre Jehovah es el Secreto de la Vida Eterna, Tu Nombre Jehovah es. Tu Nombre Jehovah es "Yo Soy"..."

"Venga a nosotros tu Reino, que Tu Amor se manifieste en el Cielo y en la Tierra. Que Jesucristo Gobierne en el Cielo y la tierra según tus Designios Jehovah y que los hombres de buena voluntad hereden la Tierra. Que Tu Reino no tenga fin. Que las energías negativas, las personas negativas y los seres espirituales negativos ya no puedan ocupar lugar en la Tierra, Tu Creación y que vivamos en Paz como buenos hermanos por los siglos de los siglos. Que los seres espirituales negativos y las personas negativas ya no nos puedan engañar más. Que la Tierra sea un Paraiso para alabar tu Nombre Jehovah y que no tenga fin. Que la tierra sea un Reino de Paz, Amor y Justicia y donde todos seamos iguales: "Que el último será el primero y de los más pequeños levantarás a los tuyos Jehovah". Que el reino de maldad y mentira de Satanás desaparezca por siempre de la faz de la Tierra. Deseamos y Esperamos con los brazos y corazones abiertos que tu Gobierno Celestial se haga realidad en la Tierra. Reine Dios en las Altura y Reine Dios en la Tierra por siempre..."

"Hágase Tu Voluntad así en la Tierra como en el Cielo. Que tu Nombre Jehovah Gobierne en la Tierra como en el Cielo. Que Tu Nombre, tus Ángeles tu Hijo el Señor Jesús el Cristo gane la batalla contra todos los seres espirituales negativos, contra Satán y sus demonios, los ángeles rebeldes, en el Cielo y en la Tierra. Que nuestra voluntad sea para darte gloria Jehovah como la voluntad de los Ángeles. Que en nuestras vidas sea Tu Voluntad y no la nuestra (la de los seres espirituales negativos), sino que nuestra voluntad sea la misma que la Tuya y así obtener Tu Gran Poder y Bendiciones para acabar con todo lo inocuo. Ayúdanos Jehovah a comprender quiénes somos y que podamos llegar a ser nosotros mismos así como Tu Nos Creaste, a Tu Imagen y Semejanza. Que todos los Humanos nos amemos mutuamente y que juntos amemos el planeta. Que en los Cielos Tus Ángeles sigan Tu Voluntad. Que Tu Amor Ilumine el Cielo y la Tierra y que Tu Reino nunca tenga fin. Que Satan sea derrotado y tirado junto a sus demonios y seguidores humanos al Abismo y que vivamos en Paz, Amor y Felicidad según Tu Voluntad en el Reino de Mil Años de Jesús el Cristo y que Tu Reino no tenga fin..."

"El pan nuestro de cada día dánoslo hoy Jehovah, danos el dinero necesario para que pueda pagar todas mis deudas y fuerzas para no volver a caer en la "trampa" comercial otra vez. Te pido Dios que me envíes toda la abundancia del Universo que me corresponde por derecho propio y que Tu nos prometiste a todos los humanos. Dame Jehovah todo lo que el diablo y sus secuaces espirituales y terrestres me han quitado con mentiras y engaños. Dame Jehovah todo lo necesario para satisfacer todas mis necesidades básicas y también solventar problemas y ayudar a otras personas que lo estén pasando mal. Dame Jehovah todo lo necesario para poder llevar a cabo la Misión Divina de mi Vida y realizar todos mis buenos planes en pro de la Humanidad y del planeta Tierra. Que todo lo que pueda hacer con la Abundancia que me envías sea para darte Gloria Jehovah y para demostrar a ateos y escépticos que Tu Bondad y Tu Generosidad son Infinitas. Dales también Jehovah todo lo necesario para que puedan vivir bien al resto de la Humanidad y derrota a todos los seres negativos que están creando hambre y otras necesidades en el Mundo. Dame Jehovah de "mi cuenta" en el Cielo, todo lo que necesito para el momento. Viviré, me vestiré, me engalanaré para que mi presencia en la Tierra sea un Himno de Alabanza hacia Ti Jehovah y una prueba veraz y manifestación concluyente de que eres el Grande y Único Dios Creador del Cielo y la Tierra. Todo es tuyo y Todo será Tuyo por siempre jamás..."

"y perdona nuestras deudas Jehovah, pecados, mal intenciones, errores conscientes, envío de energía negativa a nuestro alrededor, así como nosotros perdonamos a todos los que nos han hecho daño y deseado mal. Perdónanos Jehovah por dejar morir de Hambre, Miseria Enfermedades y otras Necesidades Básicas a la Humanidad y perdónanos también por estar Maltratando al Planeta Tierra

así   como   lo   hacemos.
Se que me perdonas mi Dios, porque tú eres un Dios comprensivo y yo también me perdono a mí mismo y perdono a todos los que algún día me hicieron mal y me lo están haciendo ahora mismo. Me arrepiento con todo el corazón de todo mal que haya causado a los demás seres de tu Creación a lo largo de toda mi vida. Se que me perdonas tu Gran Dios porque Tu Amor es Infinito.

Dios todopoderoso protégeme de todas las energías negativas que otros seres o personas envían hacia mí y protégeme de que yo mismo no sea un canal de energías negativas hacia los demás.

Dame fuerzas para perdonar a todos mis enemigos, que también son los tuyos Jehovah y si tú los perdonas, yo también los debo de perdonar. Yo se que si yo trabajo para ti, mi Dios, entonces mis enemigos son tus enemigos y tus enemigos son mis enemigos.

No permitas Jehovah que las energías negativas me engañen a dirigir energía negativa a mi alrededor. Ayúdame Dios a perdonar a ..."

"No nos dejes caer en la tentación más líbranos del mal y del maligno. Ayúdame Jehovah a tener pensamientos puros, a pensar y planear con Amor y para el bien de todos y todo. Ayúdame Jehovah a no vivir con pena, miedo y/u odio, ya que esos sentimientos me hacen daño a mí y a los demás. Ayúdame mi Dios a no ser egoísta, vanidoso, orgulloso y a dar de mi incondicionalmente y con humildad así como Tu lo Haces. Ayúdame Todopoderoso a no actuar con rabia, odio, ira y tampoco me dejes caer en la pereza, sino ayúdame a actuar y crear con Amor. Protégeme Jehovah de la lujuria y la avaricia y dame fuerzas para acercarme a mis enemigos y amigos con todo el Amor que pueda expresar mi corazón y cuidar de tu Creación con todo lo que pueda dar mi cuerpo, mi mente y mi alma. Protégeme Jehovah de todos mis miedos, prejuicios, tabúes y creencias erróneas. Ayúdanos Jehovah a no engañar, a no robar, a no criticar, a no blasfemar, a no levantar falsos testimonio o injurias, a no desear la mujer del prójimo ni sus bienes. Ayúdanos a no cometer brutalidades ni perversiones, ni contra Ti, ni contra los demás, ni contra nosotros mismos. No permitas Dios mío que los seres espirituales negativos me confundan, me nublen el entendimiento y me hagan salir de Tu Camino, de Tu regazo, de Tu Cercanía, de Tu Apoyo, de Tu Luz, de Tu Protección y Guía Divina. Ayúdame Jehovah a que las energías negativas no me tienten a cometer el mal, y si lo hacen dame fuerzas para no sucumbir a ellas. Protégeme Jehovah de todos aquellos que me intentan engañar con dinero, gloria, vanidad, orgullo y poder. Protégeme de todos aquellos que utilizan armas físicas y espirituales en contra de mi persona y protege también al resto de la Humanidad. Ayúdame mi Creador a no destruir mi vida con drogas, alcohol, medicinas con efectos secundarios y no permitas nunca que yo contamine mi cuerpo, mi mente, mi alma o al planeta Tierra con esos venenos que están matando tan to a seres humanos, como animales y plantas. Ayúdame Jehovah a no destruir sino construir y crear con amor y benevolencia hacia toda creación.

Dame fuerzas Jehovah para que no manipule, no separe, no

detenga, no domine, no controle a los demás, sino permíteme el privilegio y el honor de ser como Tu en este caso y dejar que cada ser humano mantenga su libre albedrío que Tu le otorgaste. Ayúdame a ser "yo mismo" y permitir que los demás sean ellos mismos. Y protégeme Jehovah de todas las energías negativas, todas las personas negativas y todos los seres negativos en todos los planos, todos los niveles y todas las dimensiones.

Que por siempre sea Tu Voluntad en el Cielo y la Tierra por los siglos de los siglos. ¡Amén!, Amén!, ¡Amén!, ¡Aum!, ¡Aum!, ¡Aum!, ¡Om!, ¡Om!, ¡Om!..."

Capítulo IV

La Oración del Padre Nuestro. El Gran Secreto Desvelado: "Padre Nuestro que estás en los Cielos"

Ya hemos visto en capítulos anteriores cómo y por qué se debe de rezar la oración del Padre Nuestro, así sea para sanarnos, guiarnos e iluminarnos personalmente, o para elevar la frecuencia vibratoria de la humanidad y del planeta en que vivimos.

No cabe la menor duda, de que la oración del Padre Nuestro nos trasciende como individuos, pero ¿qué grandes secretos encierra la "oración perfecta"?

Lo que sigue, no es que lo diga yo, yo solo lo desvelo, a través de un análisis lógico. Recuerde, en todo momento, que son las palabras de Jesucristo (el hombre más grande del mundo (demostrado por su trascendencia e influencia en la educación, guía e historia de la humanidad)) las que dictaron la oración a la que nos referimos.

"Padre Nuestro que estás en los Cielos"

Nosotros, los Sanadores, sabemos que toda oración bien hecha se compone de tres partes bien diferenciadas. También sabemos que debemos utilizar una oración para dirigir las energías sanadoras de forma específica y cumplan su misión. Tenga en cuenta que la energía sigue el pensamiento siempre, con el poder de la fe.

La primera parte en cualquier oración que merezca su nombre es "a quién se le pide". Debemos situar la fuente desde dónde partan, nazcan las energías que vamos a dirigir, y debemos de ir a buscar, pedir, a esa fuente que nos conceda, que nos ceda sus energías para que trabajen a través de nosotros.

Por otro lado, tenemos las palabras de Jesucristo: "Recen así: Padre Nuestro que estás en los cielos" para diferenciar a nuestro Padre Celestial de nuestro padre físico".

Con lo anterior expuesto deducimos de forma lógica, que realmente existe una fuente creadora de la humanidad, creadora de ti y de mí, creadora de todo ser humano, un "Padre Nuestro que está en los cielos". Dios existe. De todas formas, Jesucristo creía en Dios, Creador del universo, fuente infinita de energía sanadora de amor.

Soy consciente de que muchas personas hacen sus oraciones a las "fuerzas del universo", "las energías de la luz", los ángeles y santos, pero Jesucristo dijo, y yo también lo digo ahora, que pidiéramos a esa fuente de energía creadora, a lo que nosotros denominamos Dios y no a otros seres o fuerzas.

"Qué estás en los cielos" no significa que Dios esté allá arriba en el cielo azul. Jesucristo solo quería hacer una diferencia tangible entre nuestro padre carnal y nuestro creador espiritual. Dios se encuentra en toda su creación porque Dios es el creador de todo.

Las enseñanzas de la primera frase de la oración del Padre Nuestro que se desvelan, son las siguientes:

- Que realmente existe una fuente de energía creadora primera de la cual parte toda energía segunda o tercera.
- Que esa fuente energética creó el mundo físico, incluido el ser humano.
- Que debemos de pedir la energía a esa fuente y no a otra.
- Que el ser humano puede utilizar esa energía conscientemente.
- Que Dios existe.

Capítulo V

La Oración del Padre Nuestro. El Gran Secreto Desvelado: "Santificado sea tú Nombre"

"Santificado sea tú Nombre"

La segunda parte de la oración del Padre Nuestro engloba tres grandes misterios: Por un lado tenemos la palabra "santificar", por otro lado tenemos "tú Nombre" y tercero ¿por qué debemos santificar el nombre del "Padre Nuestro que estás en los cielos".

"Santificar" significa bendecir, alabar, dar gloria, adorar, dar poder, elevar, "hacer santo". Las palabras de Jesucristo no dan pie a confusión alguna: "Santificado sea tu Nombre". El nombre de nuestro Padre Celestial es sagrado, poderoso, glorioso, ya se encuentra santificado, y todos debemos santificarlo, alabarlo, darle gloria. Pero ¿cuál es el Nombre de Dios para así poderlo santificar?

Jehová o Jehovah es el nombre de nuestro Padre Divino. Debemos dar poder a ese nombre, no porque no lo tenga en sí, sino para poderlo utilizar con beneficio propio como el mantra que representa las energías más poderosas del universo, como la fuerza energética creadora de amor que impregna todo: "Llenos están el cielo y la Tierra de tú Nombre Señor".

Jehová o Jehovah (para los iniciados) se debe de adorar como la fuerza dinámica de la cual hemos partido y a la cual volveremos. La fuerza poderosa de la creación, y por tanto, también de la renovación de la salud y de la felicidad.

Jehová o Jehovah significa "el que era, el que soy y el que seré". Jehová o Jehovah significa "yo soy" para la interpretación personal mundana que requiere un pronombre delante del nombre, pero Jehová o Jehovah realmente significa "soy".

¿Quién podría ponerle un adjetivo a Jehová? ¿Quién podría definirlo sin limitarlo? "Soy" es Su Nombre.

Santificamos el Nombre de Dios porque nos sentimos orgullosos de ser seres creados a imagen y semejanza de "Soy", y porque sabemos ahora de su gran poder sanador (poder restaurador del equilibrio natural): Jehovah, Jehovah, Jehovah.

Tenga en cuenta que existen seres negativos en el universo que no le rinden culto al Nombre de Dios sino que lo desprecian, así sea por ignorancia, maldad o engaño.

Glorifica el Nombre de Dios, canta Su Nombre, identifícate con tú Creador, siéntete uno con Él, pertenece al club de los nuestros, al Club de los Amigos de Dios. Hazle sombra al Diablo.

Capítulo VI

La Oración del Padre Nuestro. El Gran Secreto Desvelado: "Venga a nosotros Tú Reino"

"Venga a nosotros Tú Reino"

En esta frase del "Padre Nuestro" se desvela que Dios tiene un reino, un reino celestial, pero que ese reino no existe en la Tierra.

Nos tenemos que preguntar ¿qué reino o quién reina en nuestro planeta entonces? Está claro, que en estos momentos no es Dios el que reina en la Tierra, que la humanidad no se rige por un gobierno de amor, por lo que las personas que se quejan de las desgracias del planeta y de la humanidad, deberían de quejarse a otro y no a Dios.

Satanás, como comandante de los ángeles rebeldes, es el que gobierna la Tierra con tiranía, y todas las desgracias que están ocurriendo ahora mismo a lo largo del mundo son obra de él, y no de Dios.

Recuerde que Satanás le ofreció todos los reinos de la Tierra a Jesucristo si le hacía tan solo una reverencia, cuando meditaba en el desierto. ¿Cómo podría Satanás ofrecerle todos los reinos de la Tierra a Jesucristo si no fuera él el que los gobernara?

El ser humano debe rezar esta frase de la "oración perfecta" de forma consciente: "Venga a nosotros Tú Reino", o sea, dándose cuenta de que estamos gobernados por fuerzas negativas, y que realmente queremos que sea Dios y no Satanás quien nos gobierne. Se trata de una rebelión contra aquellos que hemos desenmascarado, una rebelión contra Satanás y sus demonios. También, decir la frase que tratamos en este artículo, prueba de parte de quién estamos, de qué lado estamos, y lo que queremos.

Dios nos da poder. Tenemos poder para influir en los planos espirituales y en el plano físico. Que nadie pueda nunca decir: "Pero los humanos lo quieren así, los humanos no quieren el Reino de Dios, los humanos están contentos con lo que tienen". Hazte oír. Grita que deseas que el Reino de Dios venga la Tierra, y hazlo de ahora en adelante de forma consciente.

Usa tu derecho a elegir, usa tu libre albedrío para elegir a Dios, no permitas que te sigan engañando.

Capítulo VII

La Oración del Padre Nuestro. El Gran Secreto Desvelado: "Hágase Tú Voluntad así en la Tierra como en el Cielo"

"Hágase Tú Voluntad, así en la Tierra como en el Cielo"

Con respecto a esta parte de la oración del Padre Nuestro nos debemos hacer tres preguntas:

La primera, ¿No se hace la voluntad de Dios en la Tierra y tampoco en el cielo o se refiere a que se haga la voluntad de Dios en la Tierra así como se hace en el cielo?

La segunda, ¿Debemos desear que se haga la voluntad de Dios porque se necesita de nuestro poder como seres creados a imagen de Dios para que se manifieste la voluntad divina, y no solo en la Tierra sino también en el cielo?

La tercera, ¿Si no es la Voluntad de Dios la que se hace en el universo, la voluntad de quién estamos siguiendo, manifestando?

Está claro que la voluntad de Dios no se manifiesta hoy en día en nuestro planeta. Los iniciados sabemos que la voluntad de Dios tampoco se manifiesta en el cielo, por lo menos en los planos más bajos del mundo espiritual, donde se suceden las luchas entre ángeles y demonios.

Los iniciados también sabemos que todo lo que sucede en la Tierra (plano físico) es una repercusión de algo que ya ha sucedido en los planos espirituales.

Si hay guerra en la Tierra es porque también la hay en el cielo, o con otras palabras: Cada vez que comienza una guerra en la Tierra es porque tiempo atrás comenzó en el cielo. Esto no nos quita responsabilidad de lo que sucede en el planeta, sino que deberíamos, por lo tanto, ser más responsables con nuestras vidas. El ser humano también es espiritual, el ser humano también vive en el mundo espiritual, el ser humano también pertenece al universo.

La verdad es que "así como es abajo es arriba y así como es arriba es abajo". La premisa anterior nos enseña que podemos afectar al mundo espiritual con nuestros actos, pensamientos, sentimientos y emociones. También nos enseña que podemos cambiar el mundo espiritual a conciencia desde el plano físico.

Los Guerreros Espirituales se ven sumergidos muchas veces en guerras espirituales en la Tierra, pero también son escogidos por los ángeles, y con permiso de los Señores del

Tiempo, para entablar lucha directa contra los ángeles rebeldes en planos más elevados.

Recuerde también las palabras de Satanás a Dios: "Si no soy dios del cielo seré dios de la Tierra", o aquellas otras: "Si me das tiempo volveré a todo ser humano en Tu contra (refiriéndose a Dios)".

Seguro que Dios tiene infinitas maneras de manifestar Su Voluntad en la Tierra, pero una de ellas es a través del ser humano: "Que sea Tú Voluntad y no la mía". Debemos de pedir, debemos de vivir según la Voluntad de Dios.

Somos seres creados a imagen y semejanza de Dios, por lo tanto, tan solo con ser nosotros mismos, estaríamos manifestando la Voluntad de Dios en la Tierra a través de nuestras vidas. Somos amor, si somos nosotros mismos, se manifestará en la Tierra el amor, se manifestará en la Tierra la Voluntad de Dios (el amor), porque Dios es amor, y nuestra semilla, esencia y energía de vida.

Basándonos en lo anterior expuesto, nos damos cuenta claramente, que no tenemos sino dos opciones: O vivimos haciendo la Voluntad de Dios o vivimos haciendo la voluntad del diablo. Así pues, todo aquél que no vive según la Voluntad de Dios, no es que no pase nada, sino que pasa mucho: Está haciendo la voluntad del diablo.

Yo deseo con cuerpo, mente y alma que la Voluntad de Dios se haga tanto en el Cielo como en la Tierra, en todos los planos, en todos los niveles y en todas las dimensiones, y que la Voluntad de Dios se manifieste en la Tierra a través de mi vida, y por eso pido:

"Hágase Tú Voluntad, así en la Tierra como en el Cielo"

Capítulo VIII

La Oración del Padre Nuestro. El Gran Secreto Desvelado: "El Pan nuestro de cada Día, dánoslo Hoy"

"El Pan nuestro de cada Día, dánoslo Hoy"

Dios nos prometió abundancia. Existe, en verdad, abundancia de sobra para todos en el planeta Tierra.

¿Sabes así como yo sé, quién te robó la abundancia que te corresponde por derecho propio?

Jesús decía que no debíamos de preocuparnos por lo que íbamos a comer o cómo nos íbamos a vestir mañana: ¿No le da de comer Dios a los pájaros y viste a los lirios del campo, por qué no te iba a dar de comer y vestir a ti que eres más importante que los pájaros y las flores?

Por otro lado, Jesús decía también que "no solo de pan vive el hombre sino de toda palabra que proviene de Dios", Está claro que debemos alimentar de igual manera nuestra alma como nuestro cuerpo físico, pero en este contexto: **"El pan nuestro de cada día, dánoslo hoy"**, nos referimos a lo que necesitamos físicamente para vivir.

Pide y se te dará. Pide y vive como si Dios ya te lo hubiera dado. La fe, la energía tras nuestros pensamientos, emociones, sentimientos y acciones, hace la diferencia. Las preocupaciones son un síntoma no solo de inseguridad propia sino también de poca fe, de inseguridad en Dios y sus promesas.

La frase: "El pan nuestro de cada día" se relaciona con el chakra del Plexo Solar, con la seguridad en nosotros mismos, amor propio, confianza, fe, en el poder que Dios nos ha otorgado.

Jesús decía que Dios sabía nuestras necesidades antes de que se las expusiéramos en oración de petición. Además, también decía que todo lo que le pidiéramos a Dios en su nombre, nuestro creador nos lo concedería, no porque nos lo mereciéramos, sino por darle gloria a Jesucristo.

Lo anterior expuesto no quita, sino acentúa, que debemos de pedir a Dios. Una oración de petición demuestra nuestra humildad para con el creador y nuestro rango de sumisión ante Él. En verdad, sin Dios, no somos nada, ni nadie.

No creas nunca que "algo" es mérito tuyo, sin Dios no serías capaz ni de respirar por ti mismo. Intenta hacer todo por Dios y para Dios, y piensa que Dios siempre está detrás de tus actos inyectándote valor y fortaleza. No vayas nunca en fuerza propia. Cuando los problemas te inunden permite que sea la fuerza de Dios la que resuelva tus problemas. Déjalo trabajar.

Otra enseñanza profunda de Jesús es la siguiente: "No acumulen tesoros en la Tierra, ... sino en el cielo". Las Claves que se pueden desvelar con respecto a esta frase, quizás la más conocida del "Padre Nuestro", serían entonces:

- Dios te ha prometido abundancia, si no la tienes es que alguien te la ha robado, entonces, pídele a Dios que te dé la parte de la abundancia universal que te corresponde, y que él te prometió.

- Pídele a Dios de tu "cuenta" que tienes en el cielo, donde mucho has ahorrado en forma de ayuda a tu prójimo y al planeta.

- Pide y se te dará, pero pide según la Voluntad Divina.

- Pide, pero no pidas en tu nombre, sino en el nombre de Jesucristo ("nadie llega a Dios sino a través de mí"), y Dios te concederá siempre lo que le pidas porque se lo prometió a Jesucristo.

- Pide. y vive como si Dios ya te lo hubiera concedido, o sea, ten fe.

... y por último, fíjate en la frase de la oración del "Padre Nuestro" que nos concierne: "El pan nuestro de cada día, dánoslo hoy". Fíjate que la frase en cuestión **no** dice: "El pan **mío** de cada día **dámelo** hoy" sino "El pan **nuestro** de cada día **dánoslo** hoy". Así pues, no pidas solo para ti, sino para todas las personas que están pasando penurias en el planeta, quizás personas más necesitadas que tú mismo...

Dios, te bendecirá con la abundancia universal que te corresponde y te prometió. No tengas la menor duda.

Capítulo IX

La Oración del Padre Nuestro. El Gran Secreto Desvelado: "y Perdona nuestras Deudas así como nosotros Perdonamos a nuestros Deudores"

"y Perdona nuestras deudas así como nosotros perdonamos a nuestros deudores"

No creían que Jesús tuviera derecho y poder para perdonar pero sí le permitían curar. ¿Son entonces nuestros "pecados" la raíz de toda enfermedad? o mejor dicho ¿son los síntomas derivados de nuestros "pecados" lo que Dios nos tiene que perdonar para no enfermar y vivir eternamente? Síntomas como odio, ira, rencor, rabia, engaño, mentira, miedo. Y además lo que tenemos que perdonarle a los demás. ¿Son esos "pecados" nuestras deudas y las de nuestros deudores?

El perdón, el saber perdonar y el hacerlo, es un don de Dios, está completamente claro. Nosotros, los humanos, como seres creados a imagen de Dios también sabemos (o podemos aprender), y debemos de perdonar. También darse cuenta que le pedimos a nuestro Padre celestial esa dádiva ya que nosotros también (se supone), perdonamos).

Realmente, la única forma de vivir en paz es aceptando disculpas y perdonando. Dios conoce nuestras "debilidades", nuestras "imperfecciones". Dios también sabe que somos vilmente engañados por los seres espirituales negativos para que dirijamos energías negativas hacia otras personas, y le causemos daño, aunque sea de forma inconsciente.

Sí, el odio, el rencor, la rabia, la ira, las ansias de venganza nos convierten en monstruos destructores. Las pasiones negativas fuertes no hacen bien ni al que las produce ni al que las recibe. Sí, las emociones son también energía y se mueven en la dirección que la dirijamos a la velocidad del sentimiento, causando estragos a nuestro alrededor, así como en nuestro propio cuerpo y alma.

Si analizamos nuestras vidas, nos damos cuenta que aparte de nuestros actos, nuestros pensamientos, sentimientos y emociones, pues no existe mucho más. Así pues, las emociones, las pasiones, son un pilar importante en nuestras relaciones.

Las emociones las crea y las interpreta el chakra Sacro. En este centro energético yace la fuerza creativa, creadora, la energía sexual, el deseo, pero también la ira y la fuerza de destrucción.

Expuesto lo anterior, nos damos cuenta de que debemos pedirle a Dios que nos perdone (muchas veces nos es hasta difícil perdonarnos a nosotros mismos y padecemos de mala conciencia, creando infelicidad en nuestras vidas), como a un padre comprensivo, cariñoso. Aunque nos eche alguna regañina siempre podemos confiar en que Dios nos entiende, porque conoce nuestros corazones, nuestra esencia de amor.

El daño que podamos haber causado a otras personas es semiinconsciente, debido al engaño en el que nos desenvolvemos, debido principalmente a una educación errónea basada en el miedo, en la mentira, porque ¿cómo puede nacer algo malo de un ser que en esencia es amor?. Dios lo sabe.

Así pues, debemos de vivir como Dios mismo, perdonando a nuestros semejantes, no teniendo miedo, ni creyéndonos menos por pedir una disculpa, pedir perdón, aceptar un error, una equivocación. Pedir perdón es de valientes y perdonar de héroes.

Piensa siempre que para recibir este don de Dios (el perdón), es un requisito previo que nosotros también hayamos perdonado. También un requisito para poder vivir en paz y unión.

Recuerda también que en la oración dice "nuestras deudas", y no "mis deudas". Pídele a Dios que perdone a todas aquellas personas (incluyéndote, claro está), que maltratan no solo a sus semejantes sino también al planeta. Ten en cuenta que una gran mayoría *"tiene ojos y no ven, tiene oídos y no oyen"*.

Vivamos en Paz, vivamos como Dios, o sea, creando, y no destruyendo. Vivamos en templanza (virtud), perdonando nuestros propios errores y perdonando a los demás que también los cometen por ignorancia. Acerquémonos a nuestro Padre espiritual sin vergüenza que Él puede leer en nuestros corazones y nos conoce mejor que nosotros mismos.

Intenta comprender a los demás y comprender que los demás no te comprendan, así nadie podrá hacerte daño, o como diría Jesús: *"Perdónalos Señor porque no saben lo que hacen"*.

Capítulo X

La Oración del Padre Nuestro. El Gran Secreto Desvelado: "No nos Dejes Caer en la Tentación, más Líbranos del Mal"

"No nos Dejes Caer en la Tentación, más Líbranos del Mal"

Existe quien nos tienta y existen las tentaciones. Existe un mal o un "maligno" del que debemos de protegernos, y Dios es nuestra protección más eficaz. Jesús lo sabía, ya que el mismo fue tentado por Satanás durante su retiro en el desierto.

Satanás no es ficticio, no es algo abstracto, ni tampoco la maldad que algunos aseguran existe dentro de cada ser humano. Tenga en cuenta que la mayor victoria del "príncipe de las tinieblas" es haber conseguido que mucha gente no crea en él, así él poder campar a sus anchas.

Satanás y sus secuaces, sus cómplices, así sean físicos como espirituales, nos tentarán con riquezas, sexo, poder, gloria, intentando hacernos creer que todo eso es amor, pero realmente es lo que nos separa del amor. La tentación te ofrece algo (supuestamente de gran valor pero realmente sin valor alguno), para quitártelo todo. Jesucristo decía *"¿de qué te vale ganarte el mundo si te pierdes a ti mismo?"*

Entonces debemos pedirle a Dios que nos proteja, y existe una oración sencilla de protección que cualquiera puede utilizar a diario y en cualquier momento, ya que se puede decir en silencio, con el pensamiento, de forma interior: "Dios protégeme de todas las energías negativas". Esta oración se debe de decir cuando nos levantamos de la cama, antes de contestar al teléfono, antes de abrir la puerta a alguien, antes de emprender un viaje, antes de entrar a cualquier sitio, antes de dormir, etc., etc. No sabemos que nos deparará el futuro ni cómo, ni cuándo, ni a través de quiénes nos intentarán atacar.

Creas que la "oración de protección" te protege o no, es lo de menos, por lo menos si que te acercará a Dios y te mantendrá alerta, despierto. Como decía Jesucristo *"Velad y Rezad"*.

También existen oraciones más completas como la siguiente: "Dios protégeme de todas las energías negativas, todas las personas negativas y todos los seres negativos, en todos los planos, todos los niveles y todas las dimensiones".

Pero ¿cómo nos tienta y cómo protegernos de las tentaciones del diablo? ¿Recuerdas el retiro de Jesús en el desierto? Los 40 días de ayuno, retiro y meditación de Jesús donde Satanás lo tentó, encierran una gran enseñanza como todos los momentos de su vida conocida. Estas enseñanzas, tienen el mismo valor ahora, que hace 2.000 años, y se pueden utilizar a diario, ya que las tentaciones son las mismas ahora que en aquellos tiempos:

Jesucristo tenía hambre ya que había ayunado durante varios días, por lo tanto Satanás le tienta diciéndole: ¿Tienes hambre, si realmente eres el Cristo pues por qué no conviertes estas piedras en pan y comes?. Jesucristo le contesta que no solo de pan vive el hombre sino de todo lo bueno que procede de su Creador. Así cómo Jesucristo podemos evitar la tentación de robar o engañar cuando estemos pasando hambre u otras penurias en la vida.

Satanás le dice entonces "si eres realmente hijo de Dios pues tírate por este precipicio que de seguro vendrán los ángeles a salvarte". Jesús le contesta: "Está escrito, no pondrás a prueba a tu Dios". La realidad es que la respuesta de Jesús es de una lógica transparente y sencilla pero aplastante, una verdad desmesurada por su simplicidad. Está claro que poner a prueba a Dios sería un síntoma de poca fe, y en Dios o se cree o no se cree, y no a medias o con condiciones. Ten fe, no dudes, porque el diablo te la intentará quitar, y luego se aprovechará de tu debilidad, de tus dudas, incertidumbres y miedos.

Entonces Satanás le dice a Jesucristo "Hazme una reverencia de adoración y te daré todos los reinos de la Tierra". Jesucristo le contestó "Solo a tu Dios alabarás que Dios puede crear hijos suyos hasta de las piedras". En esta tentación nos damos cuenta de todo lo que nos puede ofrecer el "maligno" para hacer que nos desviemos del "camino correcto": Poder, gloria, riquezas, etc.

¿De qué te vale ganarte el mundo entero si te pierdes a ti mismo", decía Jesucristo. Desconfía de los que te desean regalar cinco duros a peseta, lo más probable que no ganes nada sino que tengas que pagarlo con creces, quizás con tu propia alma.

Lo escrito anteriormente ilustra a grandes rasgos y básicamente de qué manera nos puede tentar el diablo, realmente no existen otras formas pero sí millones de variantes.

Lo esencial es que no perdamos la fe, que creamos ciegamente y al cien por cien en nuestro Dios y en nuestra esencia divina, en quién somos, y que no lo olvidemos.

Que no nos dejemos engañar con cosas efímeras por mucho que nos intenten hacer creer que son maravillosas (nunca cambies tu caballo por una silla de montar por muy bonita que sea), pero que no nos aportarán nunca la felicidad sino más bien la muerte.

Que sepamos diferencia y escojamos a quién seguir, a quien adorar, a quien amar, si a Dios o al diablo.

Escoge bien...

Capítulo XI

Las Palabras Clave de la Oración del Padre Nuestro. Los Secretos desvelados

"PADRE NUESTRO QUE ESTÁS EN LOS CIELOS"

PADRE NUESTRO: Creador. Nos sustenta, mantiene, guía, enseña, protege, corrige, etc. Desea sentirse orgulloso de sus hijos.

QUE ESTÁS EN LOS CIELOS: No físico, no terrestre sino espiritual. Energía consciente, inteligente, trascendente, creadora, amorosa. Se encuentra más allá de la comprensión humana normal.

"SANTIFICADO SEA TU NOMBRE"

SANTIFICADO: Alabado, bendecido, adorado, hecho santo, enaltecido. Dar gracias, elevar, poner por encima de, proteger, hacer digno, respetar, amar, reconocer, hablar bien de él. Usar en buenas obras.

SEA TÚ NOMBRE: Jehová, Jehovah, Iahveh. El gran "Yo soy", El que fue, el que es y el que será. "Yo soy" sin adjetivos. El que siempre ha sido y será, comienzo y fin. El eterno, el infinito, el único, el todopoderoso. El todo.

"VENGA A NOSOTROS TU REINO"

VENGA A NOSOTROS: A la humanidad, a la Tierra, a
toda raza y nación, a todo pueblo, a todo hombre y mujer, a
todo ser humano.
TU REINO: Reino de Dios, Gobierno divino, gran jerarquía
espiritual elevada. Teocracia. Existe en los cielos y existirá en
la Tierra. Un solo país humano gobernado desde y por un
reino espiritual. Ahora mismo no existe el reino de Dios en
la Tierra.

"HÁGASE TÚ VOLUNTAD ASÍ EN LA TIERRA COMO EN EL CIELO"

HÁGASE TÚ VOLUNTAD: Voluntad de Dios. Paz, Amor
y Felicidad. Vida eterna en un planeta eterno. Que la
voluntad de Dios y la nuestra sean una: amor. Que no se está
haciendo la Voluntad de Dios en la Tierra
ASÍ EN LA TIERRA COMO EN EL CIELO: En el
mundo visible e invisible. En el mundo espiritual y físico.
Los deseos de los humanos pueden repercutir en el mundo
espiritual. No existe la voluntad de Dios en la Tierra y quizás
tampoco en ciertos planos espirituales.

"EL PAN NUESTRO DE CADA DÍA DÁNOSLO HOY"

EL PAN NUESTRO DE CADA DÍA: Sustento diario. Lo
necesario para vivir es más que suficiente. Todo proviene de
nuestro Padre celestial. Nada es nuestro, nada es mérito
nuestro. Todo proviene de Dios. "Nuestro": de todos y para

todos sin exclusividad ni exclusión alguna. Todos nos merecemos lo mismo porque todos somos iguales y Dios es un Dios de todos. A Él nos tenemos que dirigir. Sin Él somos incapaces de crear nada. Todo se lo debemos a Dios. DÁNOSLO HOY: Pidan y se les dará, busquen y encontraran. Nos lo merecemos (todos). Existe suficiente abundancia en el universo para todos. Pide para hoy y no te preocupes por el mañana. Ten fe, confía. Todo proviene del Creador. Acércate a tu Padre celestial con tus necesidades y problemas.

"PERDONA NUESTRAS DEUDAS ASÍ COMO NOSOTROS PERDONAMOS A NUESTROS DEUDORES"

PERDONA NUESTRAS DEUDAS: Todos hemos pecado, todos, siendo perfectos nos hemos dejado engañar alguna vez por las trampas del diablo. Todos hemos causado daño a los demás y al planeta. Todos somos culpables pero Dios nos puede perdonar. Reconocer nuestra debilidades y errores y no creernos mejor que ninguna otra persona. Dios es un Dios bondadoso, comprensivo, justo. Así pues, no tener mala conciencia.
ASÍ COMO NOSOTROS PERDONAMOS A NUESTROS DEUDORES: Debemos asemejarnos a nuestro Creador. Vivir según las virtudes y ser justos pero no juzgar, aún menos odiar. El perdón es un don de Dios. No utilizar los errores de los demás como "herramientas" para acomplejarlos de manera alguna. Vivir en paz y no en guerra. El rencor, la ira, la rabia, la venganza, la destrucción no tiene

lugar en el alma humana sana de un ser espiritual creado a imagen de Dios que se debe de comportar como tal.

"Y NO NOS DEJES CAER EN LA TENTACIÓN, MÁS LÍBRANOS DEL MALIGNO"

NO NOS DEJES CAER EN LA TENTACIÓN: Existe quién nos tienta. Existe el maligno. No le faltes al respecto a Dios, ni a los demás, ni a ti mismo. Hazte consciente de si vives con amor o no y cambia tu vida hasta que seas un canal de amor puro de Dios en la Tierra. Vive según las enseñanzas divinas, vive según los mandamientos de la Ley de Dios. No te dejes engañar por lo que te ofrezcan otras fuerzas ya que tu solo necesitas "el pan tuyo de cada día" que proviene de Dios como cualquier otra dádiva buena.

MÁS LÍBRANOS DEL MAL: Pide a Dios que te proteja de toda energía negativa. Los seres negativos y sus energías negativas existen e intentarán hacerte daño pero tu Padre celestial te protegerá porque es Todopoderoso y tú eres su hijo espiritual y físico.

Capítulo XII

Las Claves Secretas en la Oración del Padre Nuestro

"Padre nuestro que estás en los cielos"

CLAVE: Nuestro padre, nuestro creador, no es físico sino espiritual, por lo tanto, nuestra procedencia y esencia es espiritual. Somos seres espirituales.

"Santificado sea Tú nombre"

CLAVE: Que Dios tiene un nombre propio, a saber Jehová, Jehovah, Yaveh, el Tetragramaton. Cuatro consonantes hebreas que significan "soy". Un nombre que se debe hacer santo para el bien de toda la creación.

"Venga a nosotros Tú Reino"

CLAVE: Que existe un gobierno celestial, un reino divino, una jerarquía espiritual, y que algún día gobernará todas las naciones humanas.

"Hágase Tú voluntad así en la Tierra como en el cielo"

CLAVE: Que ahora mismo no se hace la voluntad de Dios en todo el universo pero se hará.

"El pan nuestro de cada día dánoslo hoy"

CLAVE: Que todo nuestro sustento proviene de Dios pero que nos pertenece por derecho propio.

"Y perdona nuestras deudas así cómo nosotros perdonamos a nuestros deudores"

CLAVE: Que la única manera de vivir en paz es perdonándonos los unos a los otros. Si perdonamos a nuestros prójimos, entonces, Dios también nos perdonará a nosotros. Que para que Dios nos perdone tenemos que perdonar nosotros también.

"No nos dejes caer en la tentación, más líbranos del maligno"

CLAVE: Que realmente existe un ser maligno que nos tienta y del cual debemos de protegernos. Que el que realmente nos puede proteger del maligno es Dios.

* También recalcar el poder que tiene el ser humano para influir en el mundo espiritual a través de sus peticiones, y de que Dios desea que lo utilicemos siempre a nuestro libre albedrío.

Capítulo XIII

El Gran Secreto de la Oración del Padre Nuestro: Nuestro, Nosotros, Nuestras, Nos, ...

*"Padre **nuestro** que estás en los cielos, ...*

*Venga a **nosotros** tu reino, ...*

*El pan **nuestro** de cada día dánoslo hoy, ...*

*Perdona **nuestras** deudas, ...*

*No **nos** dejes caer en la tentación, ..."*

He acentuado con "negrita" en el texto anterior aquellas palabras que nos "envuelven" a todos los seres humanos como "uno" para que se den cuenta de lo que quiero decir.

Está totalmente claro que la "Oración del Padre nuestro" no fue diseñada para peticiones individuales, egocéntricas, vanidosas, orgullosas, egoístas, sino para peticiones transcendentales, así transciendan hacia todos los demás seres humanos como hacia seres espirituales superiores: Dios mismo, Su Nombre, Su Reino, Su Voluntad.

Lo anterior expuesto confirma la idea que siempre he tenido de que todas aquellas personas que se creen estar más desarrolladas espiritualmente que los demás porque a ellos "les van bien las cosas" y a los demás no, son solo unos pobres egoístas, farsantes, hipócritas, porque (siempre lo he pensado y lo he dicho), ¿cómo te puedes sentir bien mientras se mueren de hambre diariamente 6.000 seres humanos?.

La "Oración del Padre Nuestro" contiene más secretos y más claves que palabras. Esto es precisamente posible porque es una oración transcendental, y no solo porque trascienda al ser humano como individuo elevándole la conciencia convirtiéndolo en un "yo superior" sino porque se trasciende a sí misma llegando mucho más allá que las palabras que la componen.

"Nuestro", "nosotros", "nuestras", "nos", nos convierten en una unidad inseparable. Todos somos uno, individualizados pero no separados. Todos provenimos de la misma fuente, y el sufrimiento de nuestro prójimo es el nuestro propio. Por lo tanto, (siempre será así aunque el "maligno" nos intente convencer de lo contrario), la "Oración del Padre Nuestro" está dedica para todos, instruyéndonos además en cómo se debe de orar: Todo es para todos siempre, así sea bueno o malo, del universo o de la humanidad no nos podemos separar o salir. Así pues, cuando le pidas a Dios pídele a **nuestro** Padre y pídele para todos **nosotros**.

Entiende que la bendición de tu vecino es la tuya propia porque todos somos uno y todos formamos el todo.

Damián Alvarez

Damián Alvarez

Creador del Sistema Natural de Sanación Tinerfe

Creador del Sistema de Sanación Angelical Carismático

Creador del Masaje Angelical

Ph. Dr. en Metafísica

Gran Maestro de Reiki y Karuna Ki

Especialista en Sanación Espiritual

Especialista en Gemoterapia

Especialista en Medicina Vibracional

http://sistemasanaciontinerfe.blogspot.com.es/

http://bubok.com.es/autores/damianalvarez/

E-mail: sanaciontinerfe@hotmail.es

Made in the USA
Las Vegas, NV
15 July 2022

51637791R00042